후다닥 퀸요리

재료 넣고 뚜껑 닫으면 요리가 다 된다는
요술 냄비 퀸!
잘 활용하고 싶으시죠?

냉장고 속 평범한 재료들로
쉽고 간단하게 맛있는 요리를 뚝딱!
후다닥 퀸요리가 알려드려요.

요리할 때 참고하세요.

1큰술 = 15ml   1작은술 = 5ml
1 컵 = 200ml   종이컵 1컵 = 180ml
다용도컵 1컵 = 70ml

암웨이 신형 인덕션(2024년형)의 경우 화력이 강한 편입니다.
레시피보다 1~2단 낮추어 사용하세요.

오늘은 또 뭘 먹을까 고민될 때
편안하고 쉽게 만들 수 있는
요리가 필요하다면
[후다닥 퀵요리]를 만나보세요.

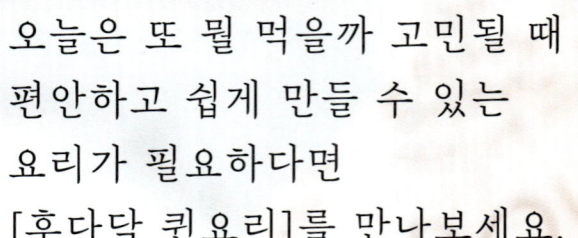

CONTENTS

후다닥 한 끼 식사
10 미역 참치죽
12 가지튀김 덮밥
14 양파 달걀 덮밥
16 원 팬 스파게티
18 돼지고기 명란 볶음밥
20 따끈 비빔밥
22 땡초 어묵 김밥
24 짜장밥
26 옥수수 불고기 솥밥
28 달걀 볶음밥
30 대패삼겹 부타동
32 애호박 참치 덮밥
34 카레
36 삼색 소보로 덮밥
38 양배추 덮밥
40 샐러드 파스타

후다닥 국과 찌개
44 매콤 순두부찌개
46 견과류 양파 수프
48 감자탕
50 황태 달걀국
52 닭개장
54 돼지고기 고추장 찌개
56 명란 순두부 찌개
58 닭 볶음탕

후다닥 찜요리
62 콩나물 두부찜
64 돼지고기 김치찜
66 배추찜
68 등뼈찜
70 돼지고기 콩나물찜
72 묵은지 김치찜
74 대패삼겹살 숙주찜
76 순두부 달걀찜
78 매운 돼지갈비찜

후다닥 밑반찬
82 시금치 무침
84 어묵 볶음
86 콩나물 무침
88 간단 버섯볶음
90 간장 진미채 볶음
92 바삭 김 볶음
94 돼지고기 장조림
96 멸치 볶음
98 무나물
100 두부 조림
102 달걀 반숙장

후다닥 채소요리

- 106 배추나물
- 108 감자조림
- 110 오이 통깨 샐러드
- 112 마파 가지
- 114 콩나물 잡채
- 116 구운 가지 샐러드
- 118 고감전
- 120 눈꽃 버섯 볶음
- 122 닭가슴살 샐러드
- 124 오이 무침
- 126 애호박 볶음
- 128 베이컨 숙주 볶음
- 130 피망 잡채
- 132 양파전
- 134 도토리묵
- 136 지중해식 샐러드

후다닥 고기요리

- 140 돼지 불고기
- 142 매운 닭날개 튀김
- 144 꽈리고추 삼겹살 볶음
- 146 닭날개 카레 구이
- 148 삼겹살 감자 크림
- 150 찹스테이크
- 152 삼겹살 강정
- 154 매콤 치킨
- 156 달걀 파이
- 158 돼지고기 간장구이
- 160 고추장 삼겹살
- 162 한방 수육
- 164 가라아게
- 166 돼지목살 양념구이
- 168 닭봉 조림
- 170 화끈하게 매운 제육볶음
- 172 핫 윙
- 174 등갈비 강정

후다닥 해물 생선요리

- 178 깐쇼새우
- 180 황태 강정
- 182 참치 조림
- 184 불맛 오징어 볶음
- 186 고갈비
- 188 미역 달걀말이
- 190 감자 참치 조림
- 192 생선 조림
- 194 오징어 불고기

후다닥 간식과 디저트

- 198 감자 튀김
- 200 간장 떡볶이
- 202 초코 케이크
- 204 사과 케이크
- 206 아몬드 케이크
- 208 옛날 떡볶이
- 210 약밥
- 212 고구마 칩
- 214 명품 떡볶이

후다닥 요리 팁

- 218 황태 고추장
- 220 통오징어 데치기
- 222 초간단 맛간장

후다닥 한끼식사

10 미역 참치죽
12 가지튀김 덮밥
14 양파 달걀 덮밥
16 원 팬 스파게티
18 돼지고기 명란 볶음밥
20 따끈 비빔밥
22 땡초 어묵 김밥
24 짜장밥
26 옥수수 불고기 솥밥
28 달걀 볶음밥
30 대패삼겹 부타동
32 애호박 참치 덮밥
34 카레
36 삼색 소보로 덮밥
38 양배추 덮밥
40 샐러드 파스타

미역 참치죽(2인분)

재료

찬밥 300g, 마른 미역 3g, 참치캔 100g 1개, 물

『양념』 액젓 1큰술

만들기

1. 마른 미역은 10분 정도 불려둡니다.
2. 대형 소스팬에 찬밥과 불려둔 미역, 기름 뺀 캔 참치를 넣어주세요.
3. 밥의 다섯 배 되는 물을 넣고, 인덕션 5단에서 뚜껑 덮어 30분간 끓여줍니다.
4. 액젓으로 간을 맞추고, 부족한 간은 소금으로 맞춰주세요.

TIP. 인덕션 죽 코스로 설정해도 됩니다.

가지 튀김덮밥

재료

가지 160g, 꽈리고추 5~6개, 생강 10g, 전분 2큰술, 포도씨유 3큰술

『소스』 물 5큰술, 간장 3큰술, 설탕 2큰술

만들기

1. 가지는 돌려가며 한입 크기로 썰고, 꽈리고추는 반으로 어슷하게 썰어둡니다.
2. 생강은 최대한 얇게 채 썰어 분량의 소스 재료와 함께 섞어두세요.
3. 위생 봉투에 가지와 전분을 넣고 흔들어주면서 전분 가루를 묻혀줍니다.
4. 팬에 포도씨유를 두르고 인덕션 10단에서 2분간 예열한 다음 8단으로 낮춰 준비해 둔 가지를 튀기듯이 구워주세요.
5. 가지가 노릇해지면 꽈리고추를 넣어 한 번 더 볶아줍니다.
6. 준비해 둔 소스를 넣고 볶으면서 소스를 졸여주세요.

양파 달걀 덮밥(1인분)

재료

밥 1공기, 양파 1개, 달걀 1개, 꽈리고추 4개, 식용유 1큰술

『양념』간장 2큰술, 올리고당 1큰술, 참기름 1큰술

만들기

1. 양파는 채 썰고, 꽈리고추는 어슷하게 썰어 준비합니다.
2. 중형 프라이팬을 인덕션 10단에서 2분 예열하고, 기름을 둘러주세요.
3. 기름이 예열되어 물결무늬가 생기면 달걀 프라이를 만듭니다.
4. 달걀 프라이를 덜어두고, 그 팬에 양파와 꽈리고추를 넣어 인덕션 6단에서 양파가 반투명해질 때까지 익혀주세요.
5. 양념을 넣고 인덕션 8단에서 양파가 부드러워질 때까지 마저 익히고, 마지막에 참기름을 넣어 섞어준 다음 준비된 밥 위에 달걀과 함께 올려줍니다.

TIP. 꽈리고추 대신 마늘종을 넣어도 맛있답니다.

원 팬 스파게티 (1인분)

재료

스파게티 면 40g, 새우 5마리, 피망 또는 파프리카 ½개, 양파 작은 것 1개, 마늘 2개, 버터 1큰술

『양념』 시판 스파게티 소스 300g, 물 3큰술

만들기

1. 양파와 피망은 채 썰고, 마늘은 편으로 썰어 둡니다.
2. 중형 프라이팬에 양파, 피망, 마늘, 새우, 버터, 스파게티 면, 스파게티 소스, 물의 순서로 넣어주세요.
3. 뚜껑 덮고 인덕션 5단에서 20~25분 익혀주세요. 중간에 한두 번 뒤적여줍니다.

TIP. 소스는 졸아드는데 면이 아직 덜 익었다면 인덕션 보온 모드 50도에서 5분 정도 익혀주세요. 면은 제대로 익고, 소스는 졸아들지 않는답니다.

돼지고기 명란 볶음밥(2인분)

재료

밥 1공기. (대패) 삼겹살 150g, 대파 1대, 꽈리고추 3~4개, 액젓 1큰술

『명란 양념장』 명란젓 40g, 참기름 1큰술, 올리고당 ½큰술

만들기

1. 대파와 꽈리고추는 송송 썰고, 삼겹살은 1.5cm 두께의 먹기 좋은 크기로 썰어둡니다.
2. 명란젓은 알만 발라낸 다음, 참기름과 올리고당으로 양념해두세요.
3. 대형 프라이팬을 인덕션 10단에서 2분간 예열하고, 기름을 살짝 두른 다음 삼겹살을 넣어 7단에서 앞뒤로 구워줍니다.
4. 삼겹살 겉면이 노릇해지면 대파와 꽈리고추를 넣어 볶다가 액젓과 밥을 넣어 볶아주세요.
5. 그릇에 볶은 밥을 담고, 양념해둔 명란젓을 얹어 완성합니다.

TIP. 좀 더 칼칼한 맛을 원하면 볶음밥에 고춧가루를 ½큰술 정도 넣어 볶아주세요.

따끈 비빔밥(1인분)

재료

밥 1공기, 각종 나물 취향껏 (콩나물무침, 애호박볶음, 버섯나물, 무나물, 무생채 등), 달걀 1개

『양념』 참기름 4큰술, 황태고추장 1큰술 (p219 참고)

만들기

1. 중형 프라이팬에 참기름을 둘러주세요.
2. 밥을 평평하게 깔고, 그 위에 각종 나물을 취향껏 올려줍니다.
3. 가운데 부분에 고추장을 얹고, 고추장 가운데에 달걀을 깨트려 올려줍니다.
4. 뚜껑 덮어 인덕션 7단에서 5분 가열해 주세요.

TIP. 돌솥비빔밥처럼 따뜻하게 데워 먹는 비빔밥입니다. 참기름을 넉넉히 두르면 절대 눌어붙지 않아요. 달걀노른자 위쪽에 하얀 막이 생길 때 드시는 게 제일 맛있어요.

땡초 어묵 김밥(2인분)

재료

밥 200g, 김밥 김 2장, 얇은 사각어묵 2장, 청양고추 3개

『밥 양념』 참기름 3큰술, 통깨 1큰술, 소금 1꼬집

『어묵 양념』 간장 2큰술, 설탕 1큰술, 맛술 1큰술

만들기

1. 어묵과 고추는 잘게 다져주세요.
2. 중형 프라이팬에 어묵과 고추, 어묵 양념을 넣어 볶아줍니다.
3. 밥을 양념하고 (2)의 볶은 어묵을 섞어주세요.
4. 김밥 김에 (3)을 잘 펴서 깔고 말아주세요.

TIP. 단무지가 없을 때 간단히 만들어 먹을 수 있는 김밥입니다.
    마요네즈나 스리라차 소스를 곁들이면 더 맛있어요.

짜장밥 (2인분)

재료

돼지고기 100g, 양파 큰 것 1개 (300g), 양배추 200g, 생강 ½작은술, 녹말물(전분 가루 1큰술 + 물 2큰술)

『양념』 춘장 3큰술, 식용유 3큰술, 설탕 2큰술, 소금 2꼬집, 물 100ml

만들기

1. 양파와 생강은 다지고, 양배추는 작게 잘라둡니다.
2. 대형 프라이팬에 기름을 둘러 예열하고, 기름이 뜨거워지면 춘장을 넣어 인덕션 4단에서 춘장에 기름이 스며들도록 잘 볶아 덜어냅니다.
3. 대형 프라이팬에 기름을 두르고 생강을 넣어 향을 내준 다음, 양파를 볶다가, 양파가 투명해지기 시작하면 뚜껑 닫고 인덕션 5단에서 5분씩 가열하며 예쁜 금색이 될 때까지 캐러멜라이징 하고 덜어냅니다.
4. 팬에 고기를 넣고 볶다가, 고기의 겉면에 하얀색이 돌면 양배추를 넣어 함께 볶아주세요.
5. (4)에 볶아둔 양파, 볶아 둔 춘장, 물을 넣고 잘 볶으면서 설탕과 소금을 넣어 간을 맞춥니다.
6. 녹말물을 넣어 농도를 맞춰 완성하고 밥에 얹어 내세요.

TIP. 돼지고기 대신 오징어나 새우를 넣어도 맛있습니다.

옥수수 불고기 솥밥(2인분)

재료

불린 쌀 300g, 옥수수 1개, 다진 소고기 80g, 버터 15g, 꽈리고추 2개, 대파 또는 쪽파 약간

『불고기 양념』 설탕 1큰술, 간장 1½큰술, 참기름 ½큰술, 다진 마늘 ½큰술, 후추 약간

만들기

1. 옥수수는 칼로 알알이 떼서 준비하고, 꽈리고추와 파는 다져둡니다.
2. 소고기는 양념해서 국물 없이 볶아주세요.
3. 대형 소스팬에 불린 쌀을 담고, 쌀 위로 1.5cm까지 물을 넣어줍니다.
4. 인덕션 10단에서 뚜껑 열고 끓이다가, 밥물이 쌀과 거의 같아지면 주걱으로 2~3회 뒤적인 다음 옥수숫대와 옥수수 알을 넣고 뚜껑 닫아 인덕션 3단에서 14분 익혀주세요.
5. 밥이 다 되면 볶아둔 소고기와 다져둔 꽈리고추, 파, 버터를 넣고 뚜껑 덮어 10분간 뜸 들여 완성합니다.

TIP. 불고기 양념이 간간해서 따로 양념장을 만들지 않아도 됩니다.

달걀 볶음밥(2인분)

재료

밥 1공기, 달걀 1개, 대파 1대, 식용유 약간

『소스』액젓 1큰술, 참기름 1큰술, 통깨 약간

만들기

1. 대파는 송송 썰고, 대형 프라이팬에 기름을 두른 다음 예열해서 달걀을 넣고 스크램블을 만듭니다.
2. 스크램블을 덜어두고 대파를 볶아주세요.
3. 인덕션 7단에서 찬밥을 넣어 볶다가 덜어둔 스크램블, 액젓, 참기름을 넣어 볶아줍니다.
4. 통깨를 넣어 마무리하세요.

TIP. 밥이 눌어붙을 때는 뚜껑을 닫고 보온 기능 90도로 2분 정도 두면 됩니다.

TIP. 볶음밥은 꼭 찬밥으로 만들고, 액젓이 싫을 때는 동량의 굴 소스로 간을 맞춰주세요.

대패삼겹 부타동(1인분)

재료

대패삼겹살 180g, 밥 1공기, 양파 1개, 고추 1개, 대파 1대, 달걀노른자 1개, 통깨 약간

『밥 양념』 간장 2큰술, 다진 마늘 1큰술, 다진 생강 ½큰술, 설탕 1큰술

만들기

1. 대패삼겹살은 먹기 좋은 크기로 준비하고, 양파는 채 썰고, 고추는 총총 썰어둡니다.
2. 프라이팬을 인덕션 10단에서 1분 정도 예열한 다음, 대패삼겹살과 설탕 1큰술을 넣어 볶아주세요.
3. 설탕이 녹으면 양파와 고추, 간장, 다진 마늘, 다진 생강을 넣고 인덕션 6단에서 소스가 잘 배이게 볶아줍니다.
4. 준비된 밥에 (3)의 볶은 고기를 올리고 대파와 깨를 올린 다음 노른자를 조심스럽게 올려 마무리하세요.

TIP. 생강이 없으면 생강가루 1작은술로 대체해도 됩니다.

애호박 참치 덮밥(1인분)

재료

애호박 ½개, 참치캔 100g, 양파 ½개, 다진 마늘 ½큰술, 고추 1개, 들기름 약간 (참기름 대체 가능)

『양념』 간장 1큰술, 액젓 ½큰술, 설탕 1큰술

만들기

1. 호박과 양파는 채를 썰고, 고추는 송송 썰어두세요. 양념은 미리 섞어둡니다.
2. 대형 프라이팬에 기름을 두르고 달걀 프라이를 해서 덜어둔 다음, 다진 마늘을 볶아 향을 내주세요
3. 호박과 양파, 고추와 기름 뺀 캔 참치, 양념을 넣어 호박이 부드러워질 때까지 볶아줍니다.
4. 준비된 밥에 (3)의 볶은 애호박을 올리고 달걀 프라이를 올린 다음 들기름을 둘러 마무리하세요.

카레 (2인분)

재료

잘 익은 토마토 1개, 소고기 또는 돼지고기 70g, 감자 작은 것 2개, 애호박 ¼개, 양파 1개, 당근 ¼개, 고형 카레 1개, 물 다용도 컵 1컵 (70~80g 정도)

만들기

1. 모든 재료는 한입 크기로 썰어 준비합니다.
2. 대형 소스팬에 모든 재료를 넣고, 물을 넣은 다음 인덕션 5단에서 뚜껑 덮고 40분 끓여주세요.
3. 밥 위에 카레를 올려줍니다.

TIP. 토마토에서 수분을 충분히 만들어주는 요리법이에요.
  만들었을 때는 약간 흐르는듯한 농도이고, 시간이 지나면 꾸덕꾸덕해집니다.

TIP. 버터 1큰술을 넣고 끓이면 풍미가 더 좋아져요.

삼색 소보로 덮밥(1인분)

재료
다진 돼지고기 200g, 달걀 3개, 대파 ½대

『고기 양념』 간장 2큰술, 설탕 1½큰술, 굴 소스 1큰술, 다진 마늘 1큰술

만들기
1. 달걀 하나는 노른자와 흰자를 나눠두고, 대파는 흰 부분과 줄기 부분으로 나눠 송송 썰어둡니다.
2. 나눠 둔 달걀흰자와 달걀 2개로 스크램블을 만들어 주세요.
3. 돼지고기는 고기 양념, 대파 흰 부분과 잘 섞어 볶아줍니다.
4. 밥 위에 달걀 스크램블, 파 줄기 부분, 볶은 고기를 나눠 담고, 가운데 노른자를 얹어 마무리합니다.

TIP. 파 대신 부추를 송송 썰어 사용해도 됩니다.

양배추 덮밥(1인분)

재료

양배추 2줌, 양파 ½개, 부추 1줌, 다진 마늘 ½ 작은술, 식용유 약간, 홍고추 ½개, 달걀 1개

『소스』 간장 ½큰술, 굴 소스 ½큰술, 후춧가루 약간

만들기

1. 양배추와 양파는 0.5cm 폭으로 채 썰고, 부추는 5cm 길이로 썰어두세요. 홍고추는 송송 썰어둡니다.
2. 대형 프라이팬에 식용유를 두르고 다진 마늘을 넣어 인덕션 7단에서 30초 정도 볶아주세요.
3. 양배추와 양파를 넣고 인덕션 8단에서 뚜껑 열고 볶아줍니다.(약불로 하면 수분이 나와요.)
4. 양념을 넣고 가볍게 섞어준 다음, 부추를 넣고 바로 불을 꺼주세요.
5. 밥 위에 담고 달걀 프라이를 올려줍니다.

TIP. 덮밥 대신 반찬 자체로 즐기기에도 좋은 요리입니다. 부추 대신 쪽파를 사용해도 됩니다.

샐러드 파스타 (2인분)

재료

스파게티 면 50g, 방울토마토 5개, 양파 ¼개, 베이컨 두 줄, 캔옥수수 약간, 새우 8마리, 샐러드 채소믹스 90g, 식용유 약간

『소스』 간장 2큰술, 올리고당 2큰술, 식초 2큰술, 파이토믹스 레몬맛 1큰술, 참기름 ½큰술, 굴 소스 ½큰술, 올리브유 3큰술, 다진 마늘 ½큰술, 후추 약간

만들기

1. 소스는 미리 섞어두고 방울토마토는 먹기 좋게 자르고, 양파는 채 썰고, 베이컨은 한입 크기로 잘라두세요. 냉동 새우는 해동해 준비합니다.

2. 중형 프라이팬에 식용유를 둘러 예열하고, 베이컨을 볶다가 베이컨이 노릇해지면 새우를 넣어 볶고, 후추를 뿌려주세요.

3. 끓는 물에 스파게티 면을 삶아둡니다.

4. 그릇에 샐러드 채소믹스를 깔고, (3)의 준비된 스파게티 면을 올린 다음 채 썬 양파와 (2)의 구워둔 베이컨과 새우를 올려줍니다.

5. 방울토마토와 캔옥수수를 올리고, 소스를 뿌려 완성하세요.

TIP. 파이토믹스 레몬맛이 없으면 식초를 사용하세요.

TIP. 미리 준비해서 차갑게 먹는 요리라서 손님 초대 메뉴로 추천해요.

후다닥 국과 찌개

44 매콤 순두부찌개

46 견과류 양파 수프

48 감자탕

50 황태 달걀국

52 닭개장

54 돼지고기 고추장 찌개

56 명란 순두부 찌개

58 닭 볶음탕

매콤 순두부찌개

재료

순두부 1봉지, 다진 돼지고기 2큰술, 다진 대파 3큰술, 다진 양파 1½큰술, 다진 마늘 ½큰술, 청양고추 2개, 달걀 1개, 포도씨유 1큰술, 참기름 1큰술, 물 ½컵(종이컵 기준)

『소스』 설탕 ½큰술, 고춧가루 1½큰술, 간장 2큰술

만들기

1. 소형 소스팬에 포도씨유와 참기름을 두르고 대파를 넣어 파기름을 만듭니다.
2. 다진 돼지고기를 넣어 핏물이 보이지 않을 때까지 볶아주세요.
3. 다진 양파, 다진 마늘을 넣고 볶다가 양파가 투명해질 때쯤 물을 넣어줍니다.
4. 양념과 순두부를 넣고 뚜껑 덮어 인덕션 6단에서 7분 익혀주세요.
5. 부족한 간은 소금으로 맞추고, 달걀을 깨 넣고 바로 불을 꺼줍니다.

TIP. 순두부에서 수분이 많이 나오기 때문에 물을 많이 넣으면 싱겁고 맛이 없어요.

TIP. 같은 방법으로 돼지고기 대신 바지락을 사용해도 됩니다. 해물을 넣을 때는 간은 조금 약하게 해주세요.

견과류 양파 수프

재료

양파 1개, 다진 마늘 ½큰술, 우유 200ml, 슬라이스 치즈 1장, 올리브유 1큰술, 소금 약간, 후추 약간, 견과류 약간

만들기

1. 양파는 가늘게 채 썰고 견과류는 굵게 다져둡니다.

2. 중형 소스팬을 예열하고 올리브유를 두른 다음 양파와 마늘을 넣고 인덕션 5단에서 뚜껑 닫고 15분 익혀주세요.

3. (2)에 우유와 치즈, 소금과 후추를 넣고 인덕션 4단에서 뚜껑 닫고 5분간 더 끓여줍니다.

4. 그릇에 담고 준비해 둔 견과류를 올려주면 완성입니다.

TIP. 견과류 대신 바싹 익힌 베이컨을 넣어도 좋아요. 우유 대신 생크림을 넣으면 더욱 부드럽고 고소한 맛이 납니다. 생크림을 넣을때는 250ml정도 넣어주세요.

TIP. 부족한 간은 소금으로 맞춰주세요.

감자탕

재료

돼지등뼈 10~12개, 감자 3개, 우거지 (또는 데친 배추) 200g, 청양고추 4~5개

『소스』 된장 4큰술, 고춧가루 6큰술, 참치액 3큰술, 맛술 2큰술(생략 가능)

만들기

1. 돼지등뼈는 찬물에 2~3회 물을 갈아주며 최소 2시간 이상 담가 핏물을 빼줍니다.
2. 웍 이나 스튜포트 등 큰 팬에 물을 끓여 핏물 뺀 등뼈를 넣고 10분 정도 끓인 다음 등뼈는 흐르는 물에 깨끗이 씻어주세요.
3. 등뼈 끓인 팬을 깨끗이 씻은 다음 씻어둔 등뼈와 등뼈가 충분히 잠길 만큼의 물을 넣고 인덕션 7단에서 뚜껑 닫고 1시간 정도 끓여줍니다.
4. 양념에 버무린 우거지와 감자, 고추를 (3)의 삶은 등뼈에 넣고 인덕션 5단에서 뚜껑 닫고 30~40분 정도 더 끓여주세요.
5. 모자라는 간은 소금이나 치킨스톡 ½큰술 정도로 맞춰주세요.

TIP. 된장은 집마다 간이 달라서, 집된장이라면 양념의 된장 분량을 3큰술로 줄여주세요.

TIP. 파는 감자탕처럼 드시고 싶다면 깻잎, 들깻가루, 불린 당면 등을 추가하세요.

황태 달걀국

재료

황태채 30g, 달걀 1개, 대파 1대, 물 700ml, 후추 약간

『소스』 고체육수 2알, 후추 약간

만들기

1. 황태채는 먹기 좋게 잘게 자르고, 손에 걸리는 잔가시는 제거하세요. 대파는 어슷하게 썰어둡니다.
2. 달걀을 잘 풀어 황태채를 넣어 적셔주세요.
3. 물에 고체육수를 넣고 대파를 넣어 끓여줍니다.
4. 육수가 끓어오르면 (2)의 황태채를 넣어 한소끔 더 끓여주세요.
5. 후추를 넣고, 모자라는 간은 소금으로 해주세요.

닭개장

재료

닭 한 마리, 대파 2대, 숙주나물 300g, 토란대 200g, 무 100g, 물 1L

『양념』 간장 2큰술, 액젓 3큰술, 다진 마늘 1큰술, 생강 1작은술, 참기름 1큰술, 고춧가루 4큰술

만들기

1. 닭은 깨끗하게 씻어 웍에 물을 넣고 인덕션 5단에서 뚜껑 닫고 한 시간 끓여준 다음 살을 발라내고 육수는 따로 둡니다.
2. 무는 나박나박 썰고, 대파는 길쭉하고 어슷하게 썰어 둡니다. 숙주와 토란대는 뜨거운 물에 데쳐두세요.
3. (2)의 재료와 발라낸 닭살을 양념에 버무려줍니다.
4. 육수에 (3)의 재료를 넣고 인덕션 5단에서 40분 이상 뭉근하게 끓여주세요.

TIP. 토란대는 고사리로 대체해도 됩니다. 좀 더 칼칼하게 드시고 싶으면 청양고추 2~3개를 넣어주세요. 부족한 간은 소금으로 맞추고, 생강이 없으면 생강가루로 대체할 수 있어요.

돼지고기 고추장 찌개

재료

돼지고기 150g, 양파 1개, 감자 2개, 애호박 ½ 개, 청양고추 2개, 다진 마늘 1큰술, 두부 ⅓모, 대파 약간, 물 700ml

『양념』 고추장 2큰술, 고춧가루 1큰술, 설탕 ½큰술, 액젓 1큰술

만들기

1. 감자, 양파와 애호박은 한입 크기로 먹기 좋게 썰어두고, 청양고추는 송송 썰고, 대파는 어슷 썰어두세요.
2. 두부는 찌개용으로 썰어둡니다.
3. 대형 소스팬에 포도씨유와 들기름을 각각 1큰술씩 두르고 돼지고기와 다진 마늘을 인덕션 6단에서 볶아주세요.
4. 돼지고기의 표면이 하얗게 익어가면, 고추장과 고춧가루, 설탕을 넣고 볶아줍니다.
5. (4)에 물을 넣고 끓여주다가 감자, 호박, 양파, 고추를 넣어서 채소가 익을 때까지 10단에서 끓여주세요.
6. 마지막에 두부와 대파를 넣고 액젓을 넣어 간을 맞춰주세요.

TIP. 쌀뜨물로 끓이면 더 맛있어요. 액젓대신 고체육수나 치킨스톡을 사용해도 됩니다.

명란 순두부찌개

재료

순두부 1봉지, 무 100g, 청양고추 1개, 물 400ml

『소스』 명란젓 50g, 새우젓 1작은술

만들기

1. 무는 납작하게 썰고, 고추와 대파는 송송 썰고, 명란젓은 큼직하게 썰어둡니다.
2. 소스팬에 물과 무를 넣어서 인덕션 8단에서 5분 끓여주세요.
3. 무가 투명해지면 명란젓과 순두부를 넣어 인덕션 6단에서 5분 정도 끓여줍니다.
4. 풋고추, 대파, 새우젓을 넣고 한소끔 끓이고 모자라는 간은 소금으로 해주세요.

TIP. 명란젓의 염도에 따라서 새우젓과 소금의 양이 달라지니까 명란젓 넣고 끓은 다음 꼭 국물로 간을 보세요.

닭 볶음탕

재료

닭 한 마리, 감자 4개, 양파 1개, 당근 ½개, 대파 1대, 건고추 2개, 청양고추 1개, 끓인 물 1L, 설탕 5큰술

『소스』 고추장 듬뿍 1큰술, 고춧가루 4큰술, 간장 다용도컵 1컵(70ml), 다진 마늘 1큰술, 참기름 1큰술, 후춧가루 ½큰술

만들기

1. 감자와 양파, 당근은 한입 크기로 큼직하게 썰고, 대파는 어슷하게 썰고, 고추는 송송 썰어주세요.
2. 깨끗하게 씻은 닭을 물기 있는 채로 웍에 넣고 인덕션 10단에서 5분 정도 끓인 다음 흐르는 물에 살짝 씻고, 웍도 헹궈둡니다.
3. 웍에 씻은 닭을 넣고, 설탕을 넣어 인덕션 10단에서 볶아주세요.
4. (3)에 준비해 둔 채소, 양념장, 끓인 물을 부어 인덕션 10단에서 뚜껑 닫고 25~30분 끓여줍니다.
5. 다 익으면 준비해 둔 대파를 넣고 한 번 뒤적인 뒤 마무리하세요.

TIP. 설탕을 양념에 섞지 않고, 먼저 닭과 볶아주는 것이 포인트 입니다.

후다닥 찜요리

62 콩나물 두부찜
64 돼지고기 김치찜
66 배추찜
68 등뼈찜
70 돼지고기 콩나물찜
72 묵은지 김치찜
74 대패삼겹살 숙주찜
76 순두부 달걀찜
78 매운 돼지갈비찜

콩나물 두부찜

재료

두부 1모, 콩나물 1봉지, 양파 1개, 대파 1대, 고추 3개, 물 100ml, 고체육수 2알

『양념』 간장 4큰술, 액젓 2큰술, 고춧가루 3큰술, 설탕 1큰술, 올리고당 1큰술, 참기름 1큰술, 다진 마늘 1큰술

만들기

1. 두부는 반으로 자른 다음 길이로 썰어주고 물에 고체육수를 넣어 준비합니다.
2. 양파는 채 썰고, 대파는 어슷하게 썰고, 고추는 총총 썰어둡니다. 양념재료는 미리 섞어주세요
3. 대형 프라이팬에 양파, 두부, 콩나물, 대파, 고추, 무와 양념을 순서대로 넣어주세요.
4. 인덕션 7단에서 뚜껑 닫고 20분 끓여줍니다.

TIP. 우삼겹이나 대패삼겹살을 넣어도 맛있습니다. 채소 때문에 물이 너무 많다고 느껴지면 녹말물을 넣어 국물을 걸쭉하게 해주세요.

돼지고기 김치찜

재료

돼지고기 600g, 김치 ½포기, 양파 1개

『양념』 설탕 1큰술, 고춧가루 2큰술, 김치국물 1국자

만들기

1. 대팬에 양파를 채 썰어 깔고, 김치와 돼지고기를 올려줍니다.
2. 양념을 넣고 뚜껑을 덮어 인덕션 5단에서 2시간 정도 끓여주세요.
3. 고기에 간이 잘 배도록 중간에 김치와 고기의 위치를 바꾸어줍니다.

TIP. 고기는 통삼겹살이나 목살이 좋아요. 너무 센 불로 요리하면 냄비 바닥에 다 눌어붙으니 주의하세요.

배추찜

재료

알배추 ½통, 다진 대파 1큰술, 다진 피망 1큰술, 다진 파프리카 색깔별로 1큰술씩

『양념』 간장 1큰술, 설탕 1큰술, 다진 마늘 ½큰술, 굴 소스 1큰술, 고추기름 2큰술, 식초 3큰술

만들기

1. 배추는 씻어서 물기를 털지 않은 상태로 소스팬에 넣고, 인덕션 6단에서 6분, 뒤집어서 2분간 익혀줍니다.
2. 양념 재료에 대파, 피망, 파프리카를 넣어 섞어줍니다.
3. 익힌 배추를 길고 깊이가 있는 접시에 담은 다음 뿌리 부분을 제거해 주세요.
4. 섞어둔 (2)의 양념을 배추 위에 뿌려 10분 후, 또는 냉장 보관을 해서 차갑게 상에 내세요.

등뼈찜

재료

돼지등뼈 6~8개, 감자 2개, 청양고추 4개, 새우 5개, 시금치 약간, 떡볶이 떡 약간, 불린 당면 한 줌, 캔옥수수 약간, 양배추 2장

『소스』 간장 10½큰술, 굴 소스 3큰술, 다진 마늘 2큰술, 설탕 3큰술, 흑설탕 1½큰술, 올리고당 4½큰술, 맛술 4½큰술, 후추 약간

만들기

1. 돼지등뼈는 찬물에서 2시간 이상 핏물을 빼준 다음 끓는 물에 10분 정도 삶고, 찬물로 깨끗이 씻어주세요.
2. 감자는 1cm 두께로 썰고, 새우는 수염을 정리해 준비합니다.
3. 웍에 (1)의 등뼈와, 등뼈가 잠길 만큼의 물을 넣고 인덕션 7단에서 뚜껑 닫고 1시간 끓여주세요.
4. 양념과 고추를 넣고 인덕션 7단에서 뚜껑 닫고 40분 정도 더 끓여줍니다.
5. 감자와 양배추를 넣고 10분 정도 더 끓여주세요.
6. 새우와 떡을 넣고 끓이다가 새우가 붉게 변하기 시작하면 당면을 넣어줍니다.
7. 당면이 투명해지면 시금치와 옥수수를 넣고 바로 불을 꺼주세요.

돼지고기 콩나물찜

재료

돼지고기 앞다리살 300g, 양파 1개, 콩나물 1봉지, 당근 약간, 파 약간

『양념』 간장 2큰술, 고춧가루 1큰술, 다진 마늘 1큰술, 설탕 1큰술, 고추장 2큰술

만들기

1. 양파는 채 썰고 콩나물은 씻어 체에 밭쳐둡니다.
2. 대팬이나 웍에 양파를 깔고 돼지고기를 얹은 다음 콩나물을 올려주세요.
3. 양념을 모두 섞어 콩나물 위에 올려줍니다.
4. 뚜껑 닫고 인덕션 7단에서 20~30분 익히면서 중간에 한두 번 양념이 잘 버무려지도록 섞어주고, 파를 넣어 마무리 하세요.

TIP. 고기에 미리 양념해서 소분하고 냉동해 두면 콩나물과 양파만 준비해서 언제든지 만들 수 있어서 너무 편해요.

TIP. 청양고추를 넣어주면 칼칼해서 어른들이 좋아하는 맛이 됩니다.

묵은지 김치찜

재료

묵은지 1포기, 국물 멸치 15마리, 포도씨유 3큰술, 참기름 약간

『양념』 설탕 1큰술, 간장 1큰술, 통깨 약간

만들기

1. 묵은지는 양념을 털어내고 2시간 정도 물에 담가둡니다.
2. 먹기 좋게 자른 묵은지를 대형 프라이팬에 넣고, 김치가 잠길 만큼 물을 넣어주세요.
3. 포도씨유 3큰술을 넣고 인덕션 6단에서 뚜껑 닫고 40분 익혀줍니다.
4. 멸치와 간장, 설탕을 넣고 인덕션 5단에서 뚜껑 닫고 20분 정도 더 익혀주세요.
5. 참기름과 통깨를 넣어 마무리합니다.

TIP. 김치의 신맛이 강하면 설탕을 좀 더 넣어주세요.

대패삼겹살 숙주찜

재료

대패삼겹살 300g, 숙주 300g, 양파 1개, 청·홍고추 1개씩

『양념』 간장 2큰술, 굴 소스 2큰술, 후추 약간

만들기

1. 숙주는 깨끗이 씻어 물기를 제거하고, 양파는 채 썰고 고추는 송송 썰어둡니다.
2. 웍이나 대형 프라이팬에 양파, 숙주, 고추, 대패삼겹살 순으로 담고, 양념을 둘러주세요.
3. 인덕션 7단에서 찌듯이 익혀 완성합니다.

TIP. 숙주와 양파에서 수분이 충분히 나오기 때문에 물을 넣을 필요는 없어요.

TIP. 깻잎을 넣어주면 향이 좋아요. 취향에 따라 양념을 넣고 조리하지 말고, 나중에 드실 때 시판 소스를 곁들여도 좋아요.

순두부 달걀찜

재료

순두부 1봉지, 달걀 4개, 청양고추 약간, 당근 약간, 대파 약간, 참기름 2큰술, 통깨 약간

『양념』새우젓 1작은술

만들기

1. 채소 재료를 잘게 다지고, 순두부, 달걀, 다진 채소를 양념과 모두 섞어 준비합니다.
2. 내열 용기에 밑면과 옆면까지 참기름 1큰술을 골고루 바른 다음 (1)을 담아주세요.
3. 스튜포트나 웍에 물을 끓이고, 채반 위에 (2)를 놓고 인덕션 10단에서 20분 익혀줍니다.
4. 완성된 달걀찜 위에 남은 참기름과 통깨를 뿌려주세요.

TIP. 새우젓이 없으면 소금으로 간을 해도 됩니다. 물이 하나도 들어가지 않지만 보들보들한 달걀찜이에요.

매운 돼지갈비찜

재료

돼지갈비 1.5kg, 당근 30g, 무 100g, 말린 대추 5개, 생밤 7개, 청양고추 3개

『양념』 간장 7큰술, 흑설탕 3큰술, 다진 마늘 1큰술, 다진 생강 1작은술, 다진 파 3큰술, 다진 양파 2큰술, 맛술 5큰술, 참기름 1큰술, 물 10큰술, 후춧가루 약간, 고춧가루 3½큰술

만들기

1. 돼지갈비는 찬물에 담가 2번 정도 물을 갈아주면서 핏물을 1시간 이상 빼줍니다.
2. 무와 당근은 한입 크기로 썰고, 고춧가루를 제외한 양념 재료를 섞어주세요
3. 돼지갈비와 양념을 웍에 넣고 갈비가 잠길 만큼 물을 부은 다음, 인덕션 10단에서 뚜껑 닫고 돼지갈비 겉면이 익을 때까지 5분 이상 끓여준 다음 인덕션 5단에서 뚜껑 닫고 20분 익혀줍니다.
4. 무와 당근, 대추, 밤을 넣고 인덕션 5단에서 뚜껑 닫고 20분 더 끓여주세요
5. 고춧가루를 넣고 국물이 졸아들 때까지 끓여주세요

TIP. 아이들과 함께 먹는다면 고춧가루를 넣기 전에 아이들 몫을 덜어두세요.

후다닥 밑반찬

82 시금치 무침
84 어묵 볶음
86 콩나물 무침
88 간단 버섯볶음
90 간장 진미채 볶음
92 바삭 김 볶음
94 돼지고기 장조림
96 멸치 볶음
98 무나물
100 두부 조림
102 달걀 반숙장

시금치 무침

재료

시금치 한 줌, 물 2큰술

『양념』 소금 두 꼬집, 참기름 1큰술, 통깨 약간

만들기

1. 시금치는 지저분한 뿌리 부분을 정리하고 물에 씻어둡니다.
2. 대형 프라이팬에 시금치와 물을 넣고, 인덕션 10단에서 뚜껑 열고 볶듯이 데쳐주세요
3. 시금치가 80% 정도 익었을 때 꺼내고, 나머지 20%는 시금치에 남은 여열로 익혀줍니다.
4. 한 김 식히고 소금과 참기름을 넣어 무쳐주세요.

TIP. 번거롭게 물을 끓이지 않아도 됩니다.

어묵 볶음

재료

사각 어묵 200g, 양파 ½개, 피망 ½개, 다진 마늘 ½큰술, 식용유 약간

『양념』 맛간장(p223 참고) 5큰술, 참기름 1큰술, 통깨 약간, 후추 약간

만들기

1. 어묵은 0.5cm 두께로 썰고, 양파와 피망은 채를 썰어 둡니다.
2. 중형 프라이팬에 기름을 살짝 두르고 다진 마늘을 볶다가 어묵과 맛간장을 넣고 뚜껑 닫아 인덕션 5단에서 3분 가열해 주세요.
3. 피망과 양파를 넣고 뚜껑 닫고 인덕션 5단에서 5분 더 익혀줍니다.
4. 참기름과 통깨, 후추 뿌려 마무리 해주세요.

TIP. 구매한 어묵의 두께 차이로 간이 배어드는 게 다 달라요. 맛간장은 맛을 보면서 어묵 두께에 따라 가감해 주세요.

콩나물 무침

재료

콩나물 350g, 물 50ml

『양념』 고춧가루 1큰술, 다진 마늘 ½큰술, 액젓 1큰술, 참기름 1큰술

만들기

1. 소스팬에 잘 씻은 콩나물을 넣고, 가운데에 홈을 파고 물 50ml를 넣어주세요
2. 뚜껑 닫고 인덕션 10단에서 익히면서 수봉현상이 생기면 6분 더 가열해줍니다.
3. 익힌 콩나물에 양념을 해주세요.

TIP. 아이들과 함께 먹는다면 고춧가루를 넣기 전에 아이들 몫을 덜어두세요.

간단 버섯볶음

재료

새송이버섯 150g, 피망 ½개, 양파 ½개, 당근 약간

『양념』 굴 소스 1큰술, 녹말물(전분 가루 1큰술+물 2큰술), 물 2큰술

만들기

1. 버섯, 피망, 양파는 먹기 좋은 크기로 채를 썰어줍니다.
2. 팬에 기름을 두르고 버섯을 넣어 볶아주세요.
3. 버섯의 숨이 죽으면 나머지 채소와 굴 소스를 넣고 볶아줍니다.
4. 채소가 숨이 죽으면, 물 2큰술을 넣고 녹말물을 넣어 섞어주세요.
5. 고춧가루를 넣고 양념이 졸아들 때까지 끓여주세요

TIP. 냉장고 자투리 채소 정리용으로 좋은 반찬이에요. 새송이 대신 느타리를 사용해도 맛있습니다.

간장 진미채 볶음

재료

진미채 150g, 마요네즈 2큰술, 통깨 약간

『양념』 다진 마늘 ½큰술, 간장 2큰술, 올리고당 3큰술,

만들기

1. 진미채는 먹기 좋은 크기로 잘라 마요네즈에 버무려줍니다.
2. 양념을 프라이팬에서 바글바글 끓여주세요.
3. 끓고 있는 양념에 (1)의 손질한 진미채를 넣고 인덕션 6단에서 양념이 졸아들 때까지 볶아줍니다.
4. 통깨를 뿌려 마무리 하세요.

TIP. 브랜드에 따라 진미채의 염도가 다릅니다. 간장은 먼저 1큰술 넣고 가감해 주세요.

바삭 김 볶음

재료

묵은 김 5장, 포도씨유 1큰술, 들기름 1큰술

『양념』 설탕 ½큰술, 고춧가루 ½큰술, 통깨 ½큰술

만들기

1. 김을 먹기 좋은 크기로 잘라줍니다.
2. 팬에 기름을 두르고 자른 김을 넣고 인덕션 7단에서 볶아주세요.
3. 양념을 넣고 볶아주고, 김이 바삭거리면 완성입니다.

TIP. 묵은 김을 처리하기 좋은 반찬이에요. 먹다 남은 후리카케가 있다면 1큰술 넣어 함께 볶아주세요.

돼지고기 장조림

재료

돼지고기 안심 500g

『양념』간장 70g, 미림 70g. 물 120g, 설탕 2큰술

만들기

1. 대형 소스팬에 고기와 양념을 다 넣어줍니다.

2. 인덕션 4단에서 뚜껑 닫고 35~40분 정도 끓여주세요.

TIP. 취향에 따라 꽈리고추나 청양고추를 같이 넣고 끓여도 좋아요.

멸치 볶음

재료

세멸치(지리멸) 80g, 올리고당 2큰술, 통깨 약간

만들기

1. 기름을 두르지 않은 중형 프라이팬에 멸치를 넣고, 인덕션 5단에서 6분 동안 뒤적이며 볶아주세요.
2. 인덕션 보온 기능 50도로 설정하고, 올리고당과 통깨를 넣어 볶아주세요.

TIP. 고추장 ½큰술을 넣으면 매콤한 어른용 멸치볶음이 됩니다.

TIP. 멸치를 볶을 때는 눅눅함을 없애주기 위해 계속 뒤적이며 볶아야 합니다.

무나물

재료

무 350g, 통깨 약간, 들깻가루 1큰술, 물 2큰술

『양념』 들기름 1큰술, 소금 2~3꼬집, 다진 마늘 1큰술, 물 2큰술

만들기

1. 무는 0.3~ 0.5cm 두께로 채 썰어주세요.
2. 중형 프라이팬에 들기름을 두르고, 다진 마늘을 볶다가 채 썬 무를 넣어줍니다.
3. 물 2큰술과 소금을 넣고 인덕션 5단에서 뚜껑 덮고 10분간 익혀주세요.
4. 무가 투명해지면 들깻가루와 통깨를 넣어 완성합니다.

두부 조림

재료

두부 1모, 양파 ½개, 들기름 2큰술, 물 1컵

『양념』 참기름 1큰술, 다진 마늘 1큰술, 고춧가루 1큰술, 다진 고추 1큰술, 다진 대파 ½대, 다진 양파 ¼개, 설탕 1큰술, 간장 2큰술

만들기

1. 대파와 두부는 먹기 좋게 잘라 키친타월에 수분을 제거하고, 양념은 섞어두세요.
2. 대형 프라이팬에 들기름을 두르고, 두부를 인덕션 7단에서 구워줍니다.
3. 두부 한 면이 다 익으면 뒤집고, 두부 위에 준비해 둔 양념을 얹어주세요.
4. 뚜껑 닫고 인덕션 7단에서 양념이 졸아들 때까지 끓여줍니다.

TIP. 들기름을 두르고 두부를 부치면 눌어붙지 않아요.

달걀 반숙장

재료

달걀 6~8개, 양파 ¼개, 고추 2개, 당근 약간

『양념』 간장 100ml, 설탕 5큰술, 물 100ml, 맛술 50ml

만들기

1. 소스팬에 키친타월을 깔고 달걀을 올린 다음 뚜껑 닫고 인덕션 5단에서 10분 익혀줍니다.
2. 양파와 고추, 당근은 다져둡니다.
3. 달걀이 양념에 잠길 정도의 깊은 용기에 양파와 고추, 당근과 양념 재료를 넣어주세요.
4. 껍질 벗긴 달걀을 (3)의 양념에 넣어줍니다.

TIP. 밥 위에 달걀장과 양념을 올리고 참기름과 통깨를 뿌리면 한 그릇 요리가 됩니다.

후다닥 채소요리

106 배추나물
108 감자조림
110 오이 통깨 샐러드
112 마파 가지
114 콩나물 잡채
116 구운 가지 샐러드
118 고감전
120 눈꽃 버섯 볶음
122 닭가슴살 샐러드
124 오이 무침
126 애호박 볶음
128 베이컨 숙주 볶음
130 피망 잡채
132 양파전
134 도토리묵
136 지중해식 샐러드

배추 나물

재료

알배추 ¼개 (또는 배추잎 4장)

『양념』 액젓 1큰술, 참기름 1큰술, 통깨 ½큰술, 송송 썬 대파 또는 또는 쪽파 2큰술

만들기

1. 배추는 씻어 물기를 털지 말고 그대로 소스팬에 넣어주세요.
2. 뚜껑을 덮어 인덕션 6단에서 5분 익혀줍니다.
3. 익힌 배추를 먹기 좋은 크기로 썰고, 물기를 짠 다음 양념을 모두 넣고 버무려주세요.
4. 모자라는 간은 소금으로 맞춰주세요.

감자 조림

재료

감자 큰 것 2개, 양파 ¼개, 포도씨유 ½큰술

『양념』 간장 2큰술, 설탕 1큰술, 물 2큰술

만들기

1. 감자와 양파는 깍둑썰어 준비합니다.
2. 중형 프라이팬에 포도씨유를 살짝 두르고, 감자와 설탕을 먼저 넣어 인덕션 5단에 2분 정도 볶아주세요.
3. 간장과 물, 양파를 넣고 뚜껑 덮어 인덕션 5단에서 10분 익혀줍니다.
4. 뚜껑을 덮고 약불로 줄여, 젓가락이 감자에 들어갈 때까지 익혀주세요.

TIP. 매콤한 감자조림을 좋아한다면 고춧가루를 (3)에 양념들과 함께 넣어주세요.

오이 통깨 샐러드

재료

오이 1개, 토마토 1개, 간 통깨 2큰술

『밑간』 식초 1큰술, 소금 ⅓작은술

『소스』 간장 1큰술, 식초 1큰술, 설탕 2작은술

만들기

1. 오이는 한입 크기로 썰어 식초와 소금으로 밑간하고, 10분 재워둡니다.
2. 토마토를 오이 크기에 맞춰 썰고, 재워둔 오이는 체에 밭쳐 물기를 빼주세요.
3. 오이와 토마토를 소스에 버무린 다음 통깨 간 것을 마지막에 넣어 버무려줍니다.

TIP. 차갑게 먹으면 더 맛있는 샐러드입니다.

마파 가지

재료

가지 1개, 양파 ½ 개, 피망 1개, 당근 약간, 청양고추 2개, 다진 돼지고기 50g
녹말물 2큰술(전분가루 1큰술, 물 2큰술), 고추기름 1큰술

『양념』 간장 1큰술, 참기름 1큰술, 설탕 1큰술, 두반장 1큰술, 굴 소스 2큰술

만들기

1. 가지와 양파, 피망, 당근, 청양고추는 사방 1.5cm 정도로 썰어둡니다.
2. 대형 프라이팬에 준비한 채소들과 고기를 넣고, 양념을 모두 넣어 주세요.
3. 뚜껑 덮고 인덕션 6단에서 15분 익혀줍니다.
4. (3)에 녹말물을 풀어 넣고 한소끔 끓인 다음 고추기름을 넣어 마무리합니다.

TIP. 가지 대신 배추, 감자, 두부 등 냉장고의 다양한 재료를 활용할 수 있습니다.
　　 아이들과 먹을 때는 청양고추와 고추기름을 빼주세요.

콩나물 잡채

재료

불린 당면 150g, 콩나물 200g, 양파 1개, 오이고추 2개, 당근 약간

『양념』설탕 ½큰술, 고춧가루 1큰술, 고추장 ½큰술, 올리고당 1큰술, 간장 1½큰술, 참기름 ½큰술, 후추 약간

만들기

1. 양파와 오이고추, 당근은 채를 썰어 준비합니다.
2. 대형 프라이팬에 수분이 많이 나오는 순서대로 양파, 오이고추, 당근, 양념 절반, 콩나물, 불린 당면 순으로 올려주세요.
3. 맨 위에 나머지 양념을 넣고 뚜껑을 덮어줍니다.
4. 인덕션 5단에서 20분 익혀주세요. 중간에 한두 번 뒤적여줍니다.

TIP. 채소 재료에 따라 수분이 생기기도 합니다. 거의 완성되었을 때 수분이 많으면 뚜껑을 열고 뒤적이며 수분을 날려주세요.

구운 가지 샐러드

재료

가지 1개, 채소믹스 또는 어린잎 채소 1팩(약 100g), 올리브유 1큰술

『토마토 드레싱』 토마토 1개, 양파 ¼개, 발사믹 식초 1큰술, 올리고당 2큰술, 올리브유 1큰술, 소금 약간, 후추 약간

만들기

1. 가지는 1cm 두께로 어슷하게 썰고, 토마토와 양파는 굵게 다져둡니다.
2. 달군 대형 프라이팬에 올리브유를 살짝 두르고, 인덕션 6단에서 가지를 앞뒤로 구워주세요.
3. 토마토 드레싱을 잘 섞어둡니다.
4. 그릇에 채소를 담고 가지를 올린 다음 토마토 드레싱을 뿌려주세요.

고감전

재료

고구마 1개, 감자 1개, 포도씨유 1큰술, 전분 가루 2큰술, 소금 ½큰술, 후추 약간

만들기

1. 고구마와 감자는 얇게 채를 썰어 나머지 재료를 넣고 반죽해 둡니다.
2. 프라이팬을 인덕션 10단에 2분간 예열한 다음 포도씨유를 넣고 10단에 2분 더 예열해 주세요.
3. 인덕션 6단으로 낮춘 다음 반죽을 펴서 넣고 반죽 윗부분이 거의 마를 때까지 익혀줍니다.
4. 뒤집어서 인덕션 7단으로 높이고 2~3분 더 익혀주세요.

눈꽃 버섯 볶음

재료

새송이버섯 200g(느타리버섯 가능), 대파 1대, 베이컨 70g, 파르메산 치즈가루 (그라나파다노 치즈 대체 가능)

『양념』 소금 ¼작은술, 통후추 간 것 약간

만들기

1. 버섯은 세로로 큼지막하게 자르고, 대파는 송송 썰어둡니다.
2. 베이컨은 1cm 두께로 썰어주세요.
3. 예열한 대형 프라이팬에 포도씨유를 두르고 베이컨을 바싹 구운 다음 대파도 넣어 구워주세요.
4. 베이컨과 파를 덜어내고, 그 기름에 그대로 버섯을 넣어 센 불에 볶아줍니다.
5. 덜어둔 베이컨과 대파를 넣어 잘 섞어주고, 소금과 후추로 간해주세요.
6. 그릇에 담고 치즈를 넉넉하게 뿌려줍니다.

TIP. 베이컨을 바싹 구워야 식감이 좋아요.

닭가슴살 샐러드

재료

닭가슴살 2장, 밀가루 3큰술, 달걀 2개, 콘플레이크 무가당 100g, 채소믹스 1팩 (약 100g), 포도씨유 약간

『소스』 토마토 2~3개, 양파 1개, 파이토믹스 레몬맛 80g, 소금 약간

만들기

1. 토마토와 양파를 다지고 나머지 소스 재료를 넣고 섞어 냉장고에 차게 둡니다.
2. 닭가슴살은 반으로 저미고, 달걀은 잘 풀어두고, 콘플레이크는 굵게 다져두세요.
3. 닭가슴살에 밀가루, 달걀, 콘플레이크를 순서대로 묻혀줍니다.
4. 대형 프라이팬에 포도씨유를 1cm 높이로 두르고, 찬 기름에 닭가슴살을 넣고 뚜껑 덮어 인덕션 6단에서 5분 튀기고, 뒤집어서 5분 더 튀겨주세요.
5. 접시에 채소믹스를 깔고, 튀긴 닭가슴살을 잘라 놓고, 차갑게 준비한 소스를 뿌려줍니다.

TIP. 소스는 전날 만들어서 차게 보관하면 더 맛있어요.

TIP. 콘플레이크는 최대한 당이 없는 제품을 사용해야 튀길 때 타지 않아요.

오이 무침

재료

오이 1개

『양념』 고추장 1½큰술, 고춧가루 ½큰술, 설탕 1큰술, 올리고당 1큰술, 식초 1큰술, 통깨 약간

만들기

1. 오이는 깨끗이 씻은 다음 0.5cm 두께로 썰어둡니다.
2. 양념을 모두 섞어 준비하세요.
3. 오이의 수분에 양념이 묽어질 수 있으니 먹기 직전에 바로 오이를 양념에 버무려줍니다.

TIP. 오이에 양파나 파프리카를 곁들이면 색상이나 식감이 더 좋답니다.

애호박 볶음

재료

애호박 1개, 양파 ½개, 물 2큰술, 참기름 1큰술, 통깨 약간

『양념』 새우젓 ½큰술, 다진 마늘 ½큰술, 고춧가루 1큰술

만들기

1. 애호박은 한입 크기로 빗겨 썰고, 양파는 깍둑썰어둡니다.
2. 중형 프라이팬에 호박과 양파, 물을 넣고 인덕션 7단에서 볶아주세요.
3. 양파가 반투명해지면 양념을 넣고, 뚜껑을 덮어 인덕션 7단에서 5분 익혀줍니다.
4. 참기름과 통깨를 넣어 마무리합니다.

TIP. 새우젓 대신 소금 1작은술로 대체할 수 있어요.

베이컨 숙주볶음

재료

베이컨 4줄, 양배추 100g, 숙주나물 150g, 양파 ½개, 당근 약간, 다진 마늘 1큰술

『양념』굴 소스 1큰술

만들기

1. 베이컨은 1.5cm 넓이로 썰고, 양배추, 양파, 당근은 채를 썰어둡니다.
2. 대형 프라이팬에 기름을 두르고 다진 마늘과 베이컨을 볶아주세요.
3. 양배추와 당근, 양파를 넣고 볶아줍니다.
4. 양배추와 양파의 숨이 죽으면 숙주나물을 넣고 굴 소스를 넣어 볶아줍니다.

TIP. 베이컨을 바삭하게 볶으면 더 맛있습니다.

TIP. 베이컨은 브랜드마다 염도가 다르니 입맛에 맞게 굴 소스 양을 조절해 보세요.

피망 잡채

재료

돼지고기 잡채용 100g, 양상추 5장, 피망 1개, 파프리카 ½개, 양파 ½개, 대파 약간, 고추기름 1큰술

『양념』 간장 1큰술, 올리고당 ½큰술, 굴 소스 1큰술, 참기름 ½큰술, 후추 약간

만들기

1. 피망과 양파, 파프리카, 대파는 굵게 채를 썰어둡니다.
2. 예열한 프라이팬에 고추기름, 양파와 대파를 넣고 인덕션 7단에서 뚜껑 열고 볶아주세요.
3. 돼지고기를 넣고 인덕션 7단에서 뚜껑 닫고 2분 정도 더 볶아줍니다.
4. 피망과 파프리카를 넣고 뚜껑 열고 1분 정도 더 볶아주세요.

TIP. 센불에 빨리 볶는 게 포인트에요.

TIP. 꽃빵을 곁들이거나, 칼로리가 부담된다면 양상추를 곁들여보세요.

양파전

재료

양파 1개, 밀가루 3큰술, 달걀 2개, 소금 약간, 포도씨유 약간

『소스』 간장 2큰술, 식초 1큰술, 고춧가루 ½큰술

만들기

1. 양파는 링 모양으로 썰어줍니다.
2. 달걀을 잘 풀어두고, 양파에 밀가루와 달걀 순으로 옷을 입혀 주세요.
3. 프라이팬을 인덕션 10단에서 2분 예열하고 기름을 둘러 물결무늬가 생길 때까지 더 예열합니다.
4. 인덕션 6단으로 내려 앞뒤로 부쳐주세요.

도토리묵

재료

도토리묵 가루 1컵, 물 6컵, 포도씨유 1큰술, 소금 2꼬집

『양념』 초간단 맛간장 (p223 참고) 3큰술, 고춧가루 1½큰술, 올리고당 1큰술, 참기름 1큰술, 통깨 ½큰술

만들기

1. 도토리묵 가루 1컵과 물 1컵을 넣어 잘 섞어둡니다.
2. 대형 소스팬에 물 5컵과 포도씨유, 소금을 넣고 끓여주세요.
3. 물이 끓으면 불을 끄고 (1)의 묵 가루 반죽을 넣고 물과 반죽이 잘 섞이게 저어주세요.
4. 뚜껑 닫고 인덕션 3단에서 1분 가열 후 불을 끄고 5초 정도 주걱으로 뒤적여줍니다.
5. 다시 뚜껑 닫고 3단에서 1분 가열 후 불을 끄고 주걱으로 섞어주세요.
6. 다시 한번 뚜껑 닫고 3단에서 1분 가열 후 불을 끄고 주걱으로 가볍게 섞어줍니다.
7. 원하는 모양을 만들 수 있는 그릇에 담아 시원한 곳에서 식혀주세요.

TIP. 묵 가루와 물은 종이컵 기준입니다.

TIP. 묵은 원래 뜨거울 때 계속 저어주어야 하지만, 이 방법으로 만들면 쉽게 만들 수 있어요.

지중해식 샐러드

재료

오이 1개, 토마토 큰 것 1개, 파프리카 1개, 아보카도 1개

『소스』식초 2큰술, 설탕 1큰술, 파이토믹스 레몬맛 2큰술, 다진 마늘 ½큰술, 올리브유 2큰술, 파슬리 가루 1큰술, 소금 2꼬집, 후추 약간

만들기

1. 소스는 모두 섞어줍니다.
2. 오이, 토마토, 파프리카, 아보카도는 먹기 좋게 깍둑썰기 해주세요.
3. 준비된 소스에 채소를 버무려 완성합니다.

TIP. 파이토믹스 레몬맛이 없으면 레몬즙 1큰술로 대체하세요.

후다닥 고기요리

140 돼지 불고기
142 매운 닭날개 튀김
144 꽈리고추 삼겹살 볶음
146 닭날개 카레 구이
148 삼겹살 감자 크림
150 찹스테이크
152 삼겹살 강정
154 매콤 치킨
156 달걀 파이
158 돼지고기 간장구이
160 고추장 삼겹살
162 한방 수육
164 가라아게
166 돼지목살 양념구이
168 닭봉 조림
170 화끈하게 매운 제육볶음
172 핫 윙
174 등갈비 강정

돼지 불고기

재료

돼지고기 앞다리살 300g, 당근 약간, 양파 1개, 대파 1대

『양념』 간장 3큰술, 설탕 1½큰술, 참기름 1큰술, 후추 약간

만들기

1. 당근과 양파, 대파는 채를 썰어둡니다.
2. 돼지고기는 준비한 채소와 양념을 넣어 30분 정도 재워주세요.
3. 대형 프라이팬에 포도씨유를 살짝 두르고 재료를 넣어 인덕션 7단에서 뚜껑 열고 볶아주세요.

TIP. 뚜껑을 덮고 익히면 국물이 많이 생겨요.

매운 닭날개 튀김

재료

닭날개 1팩(약 15~20개), 전분 가루 2큰술, 포도씨유

『소스』 설탕 1큰술, 고춧가루 ½큰술, 간장 1큰술, 핫소스 1~2큰술, 올리고당 2큰술

만들기

1. 닭날개는 깨끗이 씻어 키친타월로 물기를 완전히 제거해 둡니다.
2. 위생백에 전분 가루를 넣고, 닭날개를 넣어 흔들어주세요.
3. 대형 프라이팬에 기름을 1cm 높이로 두르고 차가운 기름에 준비한 닭날개를 넣어 뚜껑 덮고 인덕션 7단에서 10분, 뒤집어서 10분 튀겨줍니다.
4. 소스를 끓이다가 튀긴 닭날개를 넣고 잘 섞어주세요.

TIP. 조금 더 매콤하게 드시고 싶다면 핫소스의 양을 늘리거나, 청양고추를 첨가해 보세요.

꽈리고추 삼겹살 볶음

재료

냉동 삼겹살 3~4줄, 꽈리고추 20개, 마늘 5쪽, 후춧가루 약간, 설탕 ½큰술

『양념』 간장 2큰술, 물 70~100ml

만들기

1. 꽈리고추는 깨끗이 씻어 반으로 잘라두고, 마늘은 편으로 썰어둡니다.
2. 양념을 모두 섞어주세요.
3. 대형 프라이팬을 9단에서 예열하고 삼겹살을 넣고 굽다가 마늘과 설탕을 넣어 구워줍니다.
4. 꽈리고추와 후추를 넣어 볶아주세요.
5. 준비해 둔 양념을 넣고, 양념이 졸아들 때까지 1~2분 볶아주세요.

TIP. 꽈리고추 대신 마늘종을 넣어도 맛있습니다.

닭날개 카레 구이

재료

닭날개 1팩(약 15개), 카레 가루 3큰술

만들기

1. 닭날개를 깨끗이 씻어 키친타월로 물기를 완전히 제거해 둡니다.

2. 위생백에 카레 가루를 넣고, 닭날개를 넣어 흔들어주세요.

3. 대형 프라이팬에 유산지를 깔고 준비된 닭날개를 올려 뚜껑 닫고 인덕션 팬요리 모드 160도에서 10분 굽고 뒤집어서 10분 더 구워줍니다.

TIP. 카레가루를 너무 많이 묻히면 짜서 먹기 힘들어요. 꼭 유산지를 깔고 구워야 타지 않아요.

삼겹살 감자 크림

재료

벌집삼겹살 250g, 파르메산 치즈 가루 2큰술, 감자 3개

『소스』 발사믹 식초 2큰술, 간장 1큰술, 올리고당 1큰술

『감자크림』 설탕 1작은술, 소금 ½작은술, 간 후추 약간, 생크림 180g

만들기

1. 감자는 삶아서 으깨두고, 삼겹살은 1.5cm 두께로 썰어둡니다.
2. 대형 소스팬에 으깬 감자와 감자크림 재료를 넣고 인덕션 5단에서 10분간 뚜껑 덮어 끓여주며 한두 번 저어주세요.
3. 예열한 대형 프라이팬에 삼겹살을 넣고 인덕션 7단에서 굽다가 소스를 넣고 인덕션 5단으로 줄여서 소스가 졸아들 때까지 볶아줍니다.
4. 그릇에 감자 크림을 담고 졸인 삼겹살을 얹은 다음 파르메산 치즈 가루를 뿌려 완성하세요.

찹스테이크

재료

소고기 안심 200g, 파프리카 ½개, 양파 ½개, 통마늘 10개, 양송이 3개, 전분 가루 3큰술

『소스』 스테이크 소스 3큰술, 굴 소스 1큰술, 설탕 1큰술, 씨 겨자 1큰술, 케첩 2큰술

만들기

1. 모든 재료는 한입 크기로 깍둑썰어둡니다.

2. 소고기에 전분 가루를 묻혀주세요.

3. 대형 프라이팬에 채소 재료를 깔고 고기와 소스를 올려줍니다.

4. 인덕션 5단에서 20분 정도 익혀주세요.

TIP. 전분 가루를 묻힌 고기는 육즙이 빠지지 않아서 고기가 눌어붙을 수 있어요. 꼭 채소를 먼저 깔고, 10분 정도 지나서 물 3큰술을 넣어주세요.

삼겹살 강정

재료

벌집삼겹살 250g, 새송이버섯 1개, 전분 2큰술, 포도씨유

『소스』설탕 2큰술, 다진 마늘 ½큰술, 물 3큰술, 간장 2큰술, 케첩 1큰술, 고추장 1큰술

만들기

1. 삼겹살은 2cm 두께로 썰고, 버섯은 한입 크기로 썰어둡니다.
2. 위생백에 삼겹살과 버섯, 전분을 넣고 흔들어서 고르게 묻혀주세요.
3. 대형 프라이팬에 기름을 1cm 높이로 넣은 다음 삼겹살과 버섯을 넣고 뚜껑을 덮어 인덕션 7단에서 앞뒤로 5분씩 튀겨주세요.
4. 튀긴 재료를 덜어내고 기름을 따라낸 다음 소스 재료를 모두 넣어 바글바글 끓이고 튀겨둔 (3)의 삼겹살과 버섯을 넣어 섞어줍니다.

TIP. 삼겹살은 두툼한게 좋아요.

매콤 치킨

재료

닭봉 15~20개, 전분 가루 2큰술, 포도씨유

『소스』 간장 2큰술, 올리고당 4큰술, 고춧가루 ½큰술, 다진 마늘 ½큰술, 다진 청양고추 약간

만들기

1. 닭봉은 깨끗이 씻어 키친타월로 물기를 완전히 제거합니다.
2. 위생백에 닭봉과 전분 가루를 넣고 흔들어서 고르게 묻혀주세요..
3. 대형 프라이팬에 포도씨유를 1cm 높이로 넣고, 예열 없이 (2)의 닭봉을 넣어줍니다.
4. 뚜껑을 닫고 인덕션 7단에서 15분, 뒤집어서 10분 튀겨주세요.
5. 튀긴 닭봉을 꺼내고 기름을 따라낸 다음 소스 재료를 넣어 바글바글 끓으면 튀긴 닭봉을 넣고 섞어줍니다.

달걀 파이

재료

달걀 4개, 당근 약간, 대파 약간, 소금 한 꼬집, 액젓 ½큰술, 포도씨유 약간

만들기

1. 당근과 대파는 다져두고, 달걀은 잘 풀어줍니다.
2. 중형 프라이팬을 예열하고 바닥면과 옆면까지 꼼꼼하게 기름을 발라주세요.
3. 모든 재료를 넣고 뚜껑 덮어 인덕션 4단에서 20분 익혀줍니다.

돼지고기 간장구이

재료

목살 300g, 포도씨유 약간

『양념』 간장 3큰술, 다진 마늘 1큰술, 설탕 1큰술, 올리고당 1큰술, 참기름 1큰술, 후추 약간

만들기

1. 돼지고기는 키친타월로 핏물을 제거하고, 양념을 모두 넣어 30분간 재워둡니다.
2. 대형 프라이팬을 예열하고, 기름을 살짝 두른 다음 인덕션 6단에서 뚜껑 닫고 10분 정도 익혀주세요.
3. 타지 않도록 앞뒤로 잘 뒤집으면서 양념이 고기에 잘 배어들 수 있게 해주세요. 익히는 시간은 고기 두께에 따라 조절합니다.

TIP. 양념한 고기는 타기 쉬워요. 중약불에서 서서히 익혀주세요.

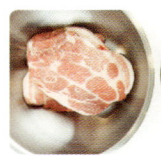  

고추장 삼겹살

재료

삼겹살 600g

『양념』 고춧가루 1½큰술, 간장·청주·고추장 각 2큰술씩, 다진 마늘·참기름·설탕·올리고당 각 1큰술씩, 매실액 3큰술, 후추 약간

만들기

1. 삼겹살은 너무 두껍지 않게 준비합니다.
2. 양념재료를 모두 섞어 고기를 30분 이상 재워두세요.
3. 대형 프라이팬에 유산지 2장을 깔고 인덕션 5단에서 10분간 익혀줍니다.
4. 뒤집어서 5분 더 익히고, 타지 않게 주의하며 자주 뒤집으면서 완전히 익혀줍니다.

TIP. 손님 초대요리로 미리 구워두고 인덕션 보온 50도로 맞춰 놓았다가 상에 내기 직전 살짝 구워내면 좋답니다.

TIP. 양념이 충분히 배어있어 맛있지만, 센 불에 구우면 양념이 다 타버립니다. 인덕션 5단 꼭 기억하세요.

한방 수육

재료

통삼겹살 600g, 마늘 5알, 양파 1개, 대파 1대

『양념』쌍화탕 1병, 간장 60g, 물 60g, 굴 소스 ½큰술

만들기

1. 양파는 두툼하게 썰고, 대파는 크게 어슷 썰어 둡니다.
2. 대형 소스팬에 양파, 대파, 마늘, 통삼겹살을 차례대로 넣고, 양념을 넣어주세요.
3. 인덕션 5단에서 중간에 2~3번 뒤집어주면서 1시간 익혀줍니다.

TIP. 고기 누린내에 민감한 분은 양념에 맛술 3큰술을 첨가해주세요.

가라아게

재료

닭 정육 300g

『양념』 간장 1큰술, 맛술 1큰술, 다진 마늘 ½큰술, 다진 생강 1작은술

만들기

1. 닭 정육은 힘줄과 껍질을 제거하고, 깨끗이 씻어 한입 크기로 잘라줍니다.
2. 양념에 (1)의 손질해둔 닭을 넣고 간이 잘 배도록 1시간 재워주세요.
3. 간이 잘 밴 닭에 전분 가루를 묻히고 인덕션 튀김모드 170도로 예열된 기름에 튀겨주세요.

TIP. 인덕션 튀김모드를 사용하면 편리합니다.

TIP. 소스는 스윗 칠리 소스가 잘 어울려요. 튀겨낸 닭이 뜨거울 때 담백하게 소금을 뿌려서 드셔도 좋아요.

돼지목살 양념구이

재료

돼지 목살 600g, 소주 ½병, 배즙 또는 사과즙 100ml

『양념』 간장 6큰술, 설탕 2큰술, 다진 마늘 1큰술, 맛술 2큰술, 대파 1대, 참기름 1큰술, 후추 약간

만들기

1. 목살은 한쪽 면만 칼등으로 두들겨 부드럽게 해주고, 대파는 송송 썰어둡니다.
2. 준비해 둔 목살을 소주와 배즙에 30분간 재워주세요.
3. (2)의 재워둔 목살에 양념을 넣어 2시간 이상 재워줍니다.
4. 대형 프라이팬을 예열하고 기름을 살짝 두른 다음, 인덕션 7단에서 뚜껑 닫아 굽고, 뒤집어서 5단으로 낮춰 마저 익혀주세요.

TIP. 빨리 익히기 위해 센불에 구우면 양념 때문에 타버립니다. 불 조절에 주의하세요.

닭봉조림

재료

닭봉 (윗날개) 15개, 꽈리고추 5개

『양념』 간장 60g, 설탕 2큰술, 올리고당 2큰술, 다진 마늘 1큰술, 다진 청양고추 2개

만들기

1. 닭봉은 깨끗이 씻어 준비하고 꽈리고추는 어슷하게 2~3등분 해둡니다.
2. 대형 프라이팬에 씻어둔 닭봉을 넣고, 뚜껑 덮어 물 없이 인덕션 5단에서 10분 정도 익혀주세요.
3. 닭에서 나온 기름을 덜어내고 기름이 더 이상 나오지 않을 때까지 충분히 익혀주세요.
4. 닭봉이 충분히 익으면 양념과 꽈리고추를 넣고 인덕션 7단에서 양념이 졸아들 때까지 끓여주세요.

TIP. 조금 더 칼칼하게 드시고 싶으면 청양고추 2개 정도 양념에 넣어주세요.

화끈하게 매운 제육볶음

재료

대패삼겹살 250g, 숙주 250g, 대파 약간, 청양고추 3개, 다진 마늘 1큰술, 고추기름 2큰술

『양념』 고춧가루 3큰술, 물 2큰술, 간장 ½큰술, 굴 소스 2큰술, 설탕 ½큰술

만들기

1. 대파와 청양고추는 송송 썰어둡니다.
2. 예열된 대형 프라이팬에 고추기름, 대파, 다진 마늘을 넣고 인덕션 7단에서 1분 정도 볶으며 향을 내주세요.
3. 대패삼겹살을 넣고, 청양고추와 양념을 넣어 인덕션 6단에서 3분, 8단에서 1분간 바싹 볶아주세요.
4. 고기를 덜고, 팬을 닦은 다음 예열한 팬에 숙주를 넣고 인덕션 10단에서 볶듯이 데쳐주세요.

TIP. 제육볶음 자체는 양념이 센 편입니다. 숙주와 같이 먹으면 간이 딱 맞아요.

핫 윙

재료

닭 날개 15~20개, 전분 가루 4큰술, 포도씨유

『양념』 버터 2큰술, 설탕 1큰술, 핫소스 4큰술, 식초 1큰술, 후춧가루 약간

만들기

1. 닭 날개는 깨끗이 씻어 키친타월로 물기를 제거합니다.
2. 위생 봉투에 전분 가루와 닭 날개를 넣고 흔들어 전분 가루를 고루 묻혀주세요.
3. 대형 프라이팬에 1cm 높이로 기름을 두르고, (2)의 전분 묻힌 닭 날개를 넣어 뚜껑 덮고 인덕션 8단에서 10분 튀겨줍니다.
4. 닭 날개를 뒤집어 10분 더 튀겨준 다음 꺼내두세요.
5. 프라이팬의 기름을 따라내고 소스를 넣어 인덕션 7단에서 바글바글 끓이고, 덜어둔 닭 날개 튀김을 넣어 양념이 골고루 묻도록 섞어줍니다.

TIP. 매콤한 양념을 원하면 청양고추를 다져 넣어도 좋아요.

등갈비 강정

재료

돼지 등갈비 10~13개 정도, 전분 가루 5큰술, 식용유 약간

『양념』 간장 2큰술, 설탕 1큰술, 조청 2큰술, 물 5큰술

만들기

1. 등갈비는 찬물에 1시간 정도 담가 핏물을 빼고 키친타월로 물기를 제거합니다.
2. 위생 봉투에 전분 가루를 담고, 등갈비를 넣어 고루 묻혀주세요.
3. 대형 프라이팬에 1cm 높이로 기름을 두르고, (2)의 전분 묻힌 등갈비를 넣어 뚜껑 덮고 인덕션 7단에서 15분 튀겨줍니다.
4. 등갈비를 뒤집어 10분 더 튀겨준 다음 꺼내두세요.
5. 프라이팬의 기름을 따라내고 준비된 양념을 넣어 인덕션 7단에서 끓이다가 튀긴 등갈비를 넣고 졸여주세요.

TIP. 핏물을 안 빼면 고기 누린내가 납니다. 꼭 핏물을 제거해 주세요.

TIP. 매콤한 양념을 원하면 청양고추를 다져 넣어도 좋아요. 쪽파나 다진 땅콩으로 장식하면 더 먹음직해 보인답니다.

후다닥 해물 생선요리

178 깐쇼새우

180 황태 강정

182 참치 조림

184 불맛 오징어 볶음

186 고갈비

188 미역 달걀말이

190 감자 참치 조림

192 생선 조림

194 오징어 불고기

깐쇼새우

재료

새우 15마리, 양파 ⅓개, 청·홍고추 ½개씩, 다진 마늘 1큰술, 고추기름 2큰술, 식용유 약간, 전분 가루 3큰술

『양념』 케첩 3큰술, 설탕 2큰술, 식초 1½큰술, 올리고당 2큰술, 두반장 1큰술

만들기

1. 양파와 청·홍고추는 다지고, 새우는 깨끗이 씻어 꼬리 바로 위 물총부분을 가위로 잘라내 준비합니다.
2. 위생 봉투에 전분 가루를 담고, 새우를 넣어 고루 묻혀주세요.
3. 대형 프라이팬에 1cm높이로 기름을 두르고, (2)의 전분 묻힌 새우를 넣어 뚜껑 덮고 인덕션 7단에서 5분 튀겨줍니다.
4. 새우를 뒤집어 3분 더 튀겨준 다음 꺼내두세요.
5. 프라이팬의 기름을 따라내고 다진 마늘, 고추기름, 청홍 고추를 넣어 볶다가 양념을 넣어 끓여줍니다. 덜어둔 튀긴 새우를 넣어 버무려주세요.

TIP. 새우튀김반죽을 전분 가루로 대체한 간편 버전이에요. 프라이팬에 남은 양념에 밥을 볶아 먹어도 맛있답니다.

황태 강정

재료

황태 1마리, 전분 가루 2큰술, 식용유 약간

『양념』 설탕 ½큰술, 고춧가루 1큰술, 간장 ½큰술, 올리고당 1큰술, 고추장 1큰술, 다진 마늘 ½큰술, 참기름 ½큰술, 미림 1큰술

『밑간』 간장 1큰술, 참기름 1큰술

만들기

1. 황태는 흐르는 물에 한 번 적시고 지느러미와 꼬리, 머리를 제거하고 잠시 둡니다.
2. 부드러워진 황태를 4등분 하고 밑간 해서 10분 정도 재워두세요.
3. 재워둔 황태에 앞뒤로 전분 가루를 묻혀줍니다.
4. 대형 프라이팬에 넉넉하게 기름을 두르고, (3)의 황태를 넣어 뚜껑 덮고 인덕션 7단에서 15분간 앞뒤로 튀기듯이 구워 덜어둡니다.
5. 프라이팬의 기름을 덜어내고 양념재료를 모두 넣어 바글바글 끓인 다음 덜어둔 황태를 넣어 잘 버무려주세요.

TIP. 황태에 밑간까지 해서 냉동실에 소분해 두었다가 반찬 없을 때 재빨리 만들어먹기 좋아요.

참치 조림

재료

참치캔 1개(150g), 대파 1대

『양념』 간장 1큰술, 고춧가루 1큰술, 물 2큰술

만들기

1. 참치캔은 기름을 빼서 준비하고 대파는 송송 썰어둡니다.
2. 소형 소스팬에 참치캔과 대파, 소스를 모두 넣어주세요.
3. 뚜껑 닫고 인덕션 6단에서 5분 정도 끓여줍니다.

TIP. 정말 간단히 만들 수 있어요. 매콤한 걸 좋아한다면 청양고추를 1~2개 다져 넣거나 고춧가루를 조금 더 넣어주세요.

불맛 오징어 볶음

재료

오징어 1마리, 양파 1개, 당근 ¼개, 애호박 약간, 대파 1대, 청·홍고추 1개씩, 설탕 1큰술, 포도씨유 약간

『양념』 다진 마늘 ½큰술, 고추장 1큰술, 고춧가루 1큰술, 올리고당 ½큰술, 간장 1큰술, 카레 가루 ½큰술

만들기

1. 오징어는 먹기 좋은 크기로 썰고, 양파, 당근과 대파는 굵게 채 썰어주세요.
2. 애호박은 반달로 썰고, 고추는 얇게 썰어두고 양념은 모두 섞어주세요.
3. 인덕션 10단에서 2분간 예열한 팬에 오징어를 넣고 뚜껑 닫아 1분 익혀줍니다.
4. 오징어를 덜어내고, 팬에 포도씨유를 두르고 인덕션 7단에서 설탕을 먼저 넣어 녹여준 다음 준비해 둔 양념을 넣어줍니다.
5. 손질해 둔 채소를 모두 넣고 양념과 함께 인덕션 7단에서 볶다가 양파가 반투명해지면 덜어둔 오징어를 넣어 함께 볶아주세요.

TIP. 설탕을 먼저 넣어 볶으면 양념에서 불맛이 납니다. 오징어를 먼저 익히면 수분이 생기지 않아요.

고갈비

재료

고등어 ½마리, 밀가루 3큰술

『양념』 고춧가루 ½큰술, 고추장 2큰술, 간장 1큰술, 설탕 1큰술, 물엿 2큰술, 다진 대파 2큰술, 다진 마늘 1큰술

만들기

1. 고등어는 깨끗이 씻어 물기를 제거하고 밀가루를 입혀줍니다.
2. 팬에 종이포일을 깔고 고등어의 살 부분이 밑으로 가도록 놓아주세요.
3. 인덕션 팬요리 180도에서 뚜껑 덮고 10분, 뒤집어서 5분 익혀줍니다.
4. 양면이 고루 잘 익으면 양념을 모두 섞어 잘 섞어 앞 뒷면에 골고루 바르고 뚜껑 덮어 인덕션 5단에서 5분 더 익혀주세요.

TIP. 고등어의 비린내에 민감하다면 양념에 생강가루 ⅓작은술을 넣어주세요.

미역 달걀말이

재료

마른 미역 3g, 달걀 4개, 소금 1g, 맛술 1큰술, 식용유 약간

만들기

1. 미역은 불리고, 모든 재료를 다 섞어두세요.
2. 중형 프라이팬을 팬요리 200도로 예열한 다음 기름을 둘러 물결무늬가 생기면 160도로 낮춰주세요.
3. 달걀물을 붓고 조금씩 접어가며 말아줍니다.
4. 달걀물을 추가로 부어주며 잘 말아주세요.
5. 옆면도 세워서 색을 내줍니다.

TIP. 미역이 들어가면 달걀말이의 식감이 쫀득해집니다.

감자 참치 조림

재료

감자 4개, 양파 ½개, 대파 1대, 참치캔 1개, 다진 마늘 1큰술, 물 ½큰술, 참기름 1큰술, 식용유 약간

『양념』 고추장 1큰술, 간장 2큰술, 올리고당 3큰술, 고춧가루 2큰술, 참치액 또는 액젓 1큰술

만들기

1. 감자는 넓적하게 썰어 물에 헹궈 전분기를 빼주고 대파는 어슷하게 썰고 양파는 굵게 채를 썰어둡니다.
2. 중형 프라이팬에 기름을 살짝 두르고 인덕션 6단에서 감자가 반투명해질 때까지 뚜껑 열고 볶아주세요.
3. 다진 마늘, 양파, 대파, 참치캔을 넣고 볶다가 양념과 물을 넣어 뚜껑을 덮어줍니다.
4. 인덕션 6단에서 6분, 5단에서 4분 익혀준 다음 불을 끄고 참기름을 둘러 섞어주세요.

TIP. 감자는 기름 코팅을 하면서 먼저 볶아주면 쉽게 부서지지 않아요.

생선 조림

재료

고등어 1마리(또는 갈치 500g), 무 ¼개, 감자 2개, 양파 1개, 청양고추 2~3개

『양념』 간장 5큰술, 물엿 1큰술, 다진 마늘 1큰술, 참기름 1큰술, 고춧가루 3큰술, 고추장 1½큰술

만들기

1. 고등어는 쌀뜨물에 담가두고, 무와 감자는 2cm 두께로 썰고, 양파는 채 썰고, 청양고추는 송송 썰어둡니다.
2. 웍이나 대형 프라이팬에 준비한 무와 물 3큰술을 넣고 뚜껑 덮어 인덕션 5단에서 30분 이상 뭉근하게 익혀주세요.
3. 나머지 재료들과 양념을 넣고 인덕션 5단에서 뚜껑 덮어 20분 익혀줍니다.
4. 중간에 양념이 잘 섞일 수 있도록 위 아래를 섞어주세요.

TIP. 물 없이 조리는 생선이라 비린내가 나지 않아요. 시간이 지나면서 채소에서 물이 나옵니다.

오징어 불고기

재료

오징어 1마리, 양파 ¼ 개, 부추 1줌, 포도씨유 2큰술, 소금·후추 약간

『양념』 설탕 1큰술, 다진 마늘 ½큰술, 간장 1큰술, 소금 약간, 참기름 약간

만들기

1. 양파는 가늘게 채 썰고, 부추는 5cm 길이로 썰어둡니다.
2. 깨끗이 씻은 오징어는 몸통은 1cm 두께로, 다리는 5cm 길이로 썰어주세요.
3. 프라이팬을 인덕션 10단에서 2분간 예열해 줍니다.
4. 포도씨유와 오징어를 넣고 9단에서 1분, 양념과 양파를 넣고 2분 정도 볶아주세요.
5. 불을 끄고 부추와 후추를 넣고 섞어줍니다.

TIP. 팬이 충분히 예열되어야 오징어에서 수분이 덜 나와 바싹 볶을 수 있어요.

후다닥 간식과 디저트

198 감자 튀김
200 간장 떡볶이
202 초코 케이크
204 사과 케이크
206 아몬드 케이크
208 옛날 떡볶이
210 약밥
212 고구마 칩
214 명품 떡볶이

감자 튀김

재료

감자 3개, 포도씨유 100g, 소금·후추 약간씩

만들기

1. 껍질 벗긴 감자를 1cm 두께로 채 썰어 물에 잠시 담가 전분기를 제거합니다.
2. 키친타월로 감자의 물기를 완전히 제거해 주세요.
3. 프라이팬에 감자와 기름을 함께 넣고 뚜껑 덮어 인덕션 7단에서 5분, 뒤집어서 3분 튀겨주세요.

TIP. 감자가 뜨거울 때 소금과 후추를 뿌려주세요.

간장 떡볶이

재료

떡볶이 떡 400g, 피망 작은 것 1개, 양파 작은 것 1개, 파프리카 ½개, 새송이버섯 1개

『소스』 간장 5큰술, 물 5큰술, 설탕 2큰술, 참기름 2큰술, 후추 약간

만들기

1. 피망과 양파, 파프리카, 새송이는 떡 길이에 맞춰 썰어둡니다.
2. 대형 프라이팬에 양파와 나머지 채소들을 담고, 떡을 올려주세요.
3. 양념을 넣고 뚜껑을 닫아 인덕션 4단에서 10분 익혀줍니다.
4. 한번 잘 섞어준 다음 5단에서 10분 더 익혀 완성하세요.

초코 케이크

재료

밀가루 70g, 버터 70g, 달걀 2개, 계핏가루 ½작은술, 까페드다몬 초코레뜨 4봉, 베이킹파우더 1작은술

만들기

1. 볼에 모든 재료를 다 넣어서 섞어줍니다.
2. 중형 프라이팬에 유산지를 3장 깔고 반죽을 넣어주세요.
3. 인덕션 4단에서 20분 익혀줍니다.

TIP. 핸드믹서를 사용하면 찬 버터를 사용해도 됩니다. 주걱으로 반죽할 때는 버터가 말랑거릴 때까지 실온에 두세요.

TIP. 반죽을 팬에 넣고 펴지 않아도 구워지면서 저절로 펴집니다.

사과 케이크

재료

사과 1개, 버터 10g, 설탕 80g, 박력분 90g, 아몬드 가루 50g, 달걀 2개, 설탕 2큰술, 포도씨유 60g, 베이킹파우더 5g, 소금 2꼬집

『토핑』 설탕 1큰술, 계핏가루 1g

만들기

1. 사과 ½개는 사방 1.5cm로 썰어서 버터와 설탕 80g 넣고 인덕션 5단에서 수분이 없어질 때까지 졸여줍니다.
2. 달걀과 설탕 2큰술을 섞고, 포도씨유를 넣어 섞어주세요.
3. 아몬드 가루, 박력분, 베이킹파우더, 소금을 체에 내려 (2)에 섞어 반죽을 만듭니다.
4. (1)의 사과 조림을 반죽에 섞어주세요.
5. 중형 프라이팬에 유산지 3장을 깔고, 유산지 위에 토핑용 설탕과 계핏가루를 뿌려둡니다.
6. 나머지 사과 ½개를 토핑용으로 얇게 썰어 가루 위에 펼쳐 깔아주세요.
7. 반죽을 붓고 인덕션 팬요리 160도에서 25분 구워줍니다.

TIP. 유산지를 살살 떼어내야 토핑용 사과가 유산지에 묻어나지 않아요.

아몬드 케이크

재료

우유 170g, 달걀 2개, 박력분 35g, 아몬드 가루 100g, 설탕 50g, 베이킹파우더 5g, 소금 2꼬집, 초코칩 25g, 버터 약간

만들기

1. 우유와 달걀을 섞어줍니다.

2. 박력분, 아몬드 가루, 설탕, 베이킹파우더, 소금을 넣고 섞어주세요

3. 회오리 몰드에 녹인 버터를 발라주고 초코칩을 깔아주세요.

4. 준비된 몰드에 반죽을 부어 인덕션 팬요리 180도에서 35~40분 구워줍니다.

TIP. 우유 대신 생크림을 사용하면 더 부드러워요. 생크림 사용 시 250g 넣어주세요.

옛날 떡볶이

재료

떡볶이 떡 300g, 사각 어묵 100g, 대파 2대

『양념』 물 400ml, 간장 1큰술, 올리고당 2큰술, 고추장 듬뿍 2큰술, 설탕 1큰술, 후추 약간

만들기

1. 대파는 어슷하게 썰고, 어묵은 먹기 좋은 크기로 썰어둡니다.
2. 양념을 모두 넣고 끓여주세요.
3. 떡과 어묵, 준비한 대파의 ⅔를 넣고 끓여줍니다.
4. 원하는 상태로 익으면 나머지 대파와 후추를 넣고 한소끔 더 끓여 완성합니다.

TIP. 옛날 떡볶이는 대파를 듬뿍 넣어야 맛있습니다.

약밥

재료

찹쌀 300g, 밤, 대추, 견과류 취향껏

『양념』 흑설탕 4큰술, 간장 3큰술, 참기름 2큰술, 계핏가루 1작은술

만들기

1. 찹쌀은 5시간 이상 불려줍니다.
2. 밤과 대추는 먹기 좋은 크기로 자르고 양념은 설탕이 완전히 녹도록 잘 섞어주세요.
3. 대형 소스팬에 찹쌀과 양념을 넣어준 다음, 양념 그릇에 물을 담아 헹구듯이 해서 찹쌀 위로 찰랑거릴 정도로 넣어줍니다.
4. 밤 대추 견과류 등 고명을 찹쌀 위로 올려주세요.
5. 뚜껑 닫고 인덕션 9단에서 수봉 현상이 일어나면, 인덕션 4단에서 10분 익히고 10분간 뜸을 들여 완성합니다.

TIP. 설탕이 잘 녹지 않으면 눌어붙거나 탈 수 있으니 완전히 녹여주세요.

고구마 칩

재료

고구마 큰 것 1개, 소금 약간, 파슬리 가루 약간, 포도씨유

만들기

1. 고구마는 잘 씻어서 껍질째 채칼로 얇게 썰고, 물에 10분 정도 담가 전분기를 빼줍니다.
2. 손질한 고구마는 키친타월에 올려 물기를 제거해주세요.
3. 대형 프라이팬에 1cm 높이로 기름을 넣고, 인덕션 튀김모드 180도로 예열합니다.
4. 물기를 제거한 고구마를 넣고 뚜껑 열고 튀겨주세요. 투명해지는 느낌이 들면 뒤집어주세요.
5. 키친타월에 올려 기름기를 빼고, 소금과 파슬리 가루를 뿌려줍니다.

TIP. 기름기를 완전히 제거해야 바삭한 칩이 됩니다. 자주 뒤집으면 부서지니 주의하세요.

명품 떡볶이

재료

떡볶이 떡 300g, 양파 1개, 프랑크 소시지 3개, 오이고추 3개, 깻잎 10장, 파채 150g

『양념』 포도씨유 3큰술, 고추기름 3큰술, 고춧가루 3큰술, 간장 2큰술, 설탕 2큰술, 미림 1큰술

『파채 소스』 식초 2큰술, 고춧가루 1큰술, 설탕 ½큰술, 간장 ½큰술

만들기

1. 양파는 깍둑썰고 소시지와 오이고추는 어슷하게 썰고 깻잎은 얇게 채를 썰어둡니다.
2. 대형 프라이팬에 포도씨유와 고추기름을 넣고 양파를 넣어 인덕션 7단에서 볶아주세요.
3. 떡과 오이고추, 소시지, 양념을 넣고 볶아줍니다.
4. 접시에 양념한 파채를 깔고 볶아준 떡을 놓고 위에 채 썬 깻잎을 놓아 완성하세요

TIP. 냉동실에 있었거나 굳은 떡은 끓는 물에 살짝 데쳐 사용하세요.

후다닥 요리 팁

218 황태 고추장
220 통오징어 데치기
222 초간단 맛간장

황태 고추장

재료

고추장 200g, 황태 50g, 다진 마늘 1큰술, 참기름 1큰술, 설탕 1큰술, 올리고당 1큰술, 물 3큰술

『양념』 간장 6큰술, 설탕 2큰술, 다진 마늘 1큰술, 맛술 2큰술, 대파 1대, 참기름 1큰술, 후추 약간

만들기

1. 황태는 믹서기에 갈아줍니다.
2. 소스팬에 모든 재료를 넣고, 인덕션 4단에서 뚜껑 닫고 10분간 가열하세요.
3. 중간에 2~3번 섞어줍니다.

TIP. 황태 대신 다진 소고기나 다진 돼지고기를 사용해도 됩니다. 고기를 사용할 경우는 20분 정도 익혀주세요. 예쁜 병에 담아 선물하기 좋아요.

통오징어 데치기

재료

오징어 1마리

『소스』고추장 1큰술, 고춧가루 1큰술, 간장 1큰술, 식초 2큰술, 설탕 1큰술, 올리고당 1큰술, 다진 마늘 ½큰술, 참기름 ½큰술, 통깨 ½큰술

만들기

1. 오징어는 깨끗하게 씻어둡니다.
2. 프라이팬을 인덕션 10단에서 2분간 예열하세요.
3. 예열한 팬에 오징어를 넣고 바로 뚜껑을 닫아줍니다.
4. 1분간 익히고, 뒤집어서 다시 1분 익혀주세요.
5. 초고추장 소스를 곁들입니다.

TIP. 씻은 오징어는 물기를 제거하지 말고, 물기가 있는 상태로 예열한 프라이팬에 넣어주세요.

초간단 맛간장

재료
간장 1컵, 맛술 1컵, 물 1컵, 설탕 ½컵 (종이컵 기준)

만들기
1. 모든 재료를 대형 소스팬에 넣고 인덕션 6단에서 15분간 뚜껑 열고 끓여주세요.

TIP. 끓이면서 많이 튀기 때문에 높이가 높은 대형 소스팬을 이용합니다.

TIP. 감자조림, 어묵볶음 등 다양한 조림과 볶음 요리에 사용하세요.

퀸으로 요리를 한 지 15년, 퀸사모 카페와 인연을 맺은 지는 어느덧 13년 차에 접어들었습니다.

"재료 넣고 뚜껑 닫으면 요리가 다 된다." 라고 하는 요술 냄비 퀸이지만, 막상 내가 하려면 어려워 카페에 가입했다는 회원님들이 많으시죠.
블로그에 일기 쓰듯 꾸준히 올리던 퀸으로 만든 요리들을 카페에도 올리다 보니, 카페 회원님들께서 저의 레시피들이 너무 쉽고 편해서 따라 하기 좋다고 칭찬해 주셨어요.

그동안 퀸사모 카페에서 책을 내보자는 제안을 몇 번 주셨지만, 저의 레시피들이 책으로 내기에는 너무 간단한 거 아닌가 싶어서 고사 했었는데요. 딸아이가 결혼하게 되면서, 엄마가 만들었던 음식을 책으로 보여주면 좋겠다 싶어서 용기를 내게 되었습니다.

아직도 초보 주부들이 제일 검색 많이 하는 요리가 콩나물무침, 미역국, 그리고 달걀말이라고 하네요. 보기엔 쉬워 보이고, 먹기엔 부담 없는 메뉴들이지만 막상 따라 하려면, 더구나 스테인리스 냄비로 따라 하려면 참 힘든 점이 많았죠?

누구나 부담 없이 쉽게 따라 할 수 있고, 부엌 한 켠에서 언제든 후다닥 만들어볼 수 있는 자신감을 주고 싶은 책입니다.

이 책을 통해 건강과 화목한 웃음이 가득한 식탁을 만드시길 기대합니다.

2024. 2. 28
저자. 고 승 현 스칼렛허

후다닥
퀸요리

발행일 2024년 3월 2일
발행인 여상욱
지은이 고승현
발행처 도서출판 앱스톤
전화 02-501-0352

본 도서에 관한 내용은 도서출판 앱스톤과 네이버 <퀸사모(https://cafe.naver.com/yoriqueen)> 카페로 문의 바랍니다.
이 책은 저작권법에 의해 보호받는 저작물이므로 책에 실린 내용과 사진은 본사의 허락 없이는 무단 복제와 무단 전재를 금합니다.
잘못된 책은 구입처에서 교환해 드립니다.

값 19,500원

ISBN 979-11-986940-0-3